जाने कब हो फेरा

(निर्गुन-सबद संकलन)

डॉ. मधुरिमा सिंह

वाणी प्रकाशन
21-ए, दरियागंज, नई दिल्ली-110002
फोनः 23273167, 23275710
e-mail : vani_prakashan@yahoo.com
vani_prakashan@mantraonline.com

वाणी प्रकाशन का लोगो
विख्यात चित्रकार मकबूल फिदा हुसेन
की कूची से

ISBN 81-8143-188-X

वाणी प्रकाशन
21-ए, दरियागंज, नयी दिल्ली-110002
द्वारा प्रकाशित

प्रथम संस्करण : 2004

मूल्य : 60/-

ललित ऑफसेट प्रेस, दिल्ली-110032
में मुद्रित

JAANE KAB HO PHERA
by Dr. Madhurima Singh

आत्मकथ्य

बता कबीरा कौन जतन से तूने ओढ़ी कोरी चादर
ओढ़-आढ़ कर कैसे तूने ज्यों की त्यों धर दीनी चादर

जाने कितने आये सिकंदर
भटके माया और मछंदर
ढूँढ़ें सूफ़ी पीर कलंदर
नदिया में छुप गया समंदर
दर्पन झूठा, चेहरा सच्चा
उसको पाले अपने अन्दर
लिख भी डाला पढ़ भी डाला, छपा कभी ना ढाई आखर

अम्बर यह दुख समझ न पाया
धूप ढले क्यों लम्बी छाया
कस्तूरी ने मन भरमाया
महक रही माटी की काया
जब तक मैं थी नहीं मिला वो
खुद को खोकर उसको पाया
ख़ाली - ख़ाली होकर भी क्यों छलक रही है तन की गागर

कविता जब जोगन बन जाये
प्रभु को अपनी देहरी लाये
देखे 'सूर', 'कबीरा' पाये
'तुलसी' आखर-आखर गाये
समा गई कान्हा में मीरा
ध्यानी जिसको बरसों ध्याये
इश्क़ की देहरी, इश्क़ का सज़दा, इश्क़ ही अन्दर, इश्क़ ही बाहर
बता कबीरा कौन ज़तन से तूने ओढ़ी कोरी चादर

समझने का सुख
कबीर के 'सबद' और जोगी रंग की खड़ी बोली में अद्वितीय कवयित्री मधुरिमा

प्रसिद्ध कवि केदार नाथ सिंह की कविताओं पर एक लेख लिखते हुए मैंने यह सवाल उठाया था कि तमाम क्रान्तिकारी कल्पों एवं संकल्पों के बावजूद खड़ी बोली हिन्दी कविता या उसकी कोई भी विधा कभी न कबीर से जुड़ी, न कबीर की जागृत परम्परा से अपने को जागृत किया। केदार पहले कवि हैं जिन्होंने 'उत्तर कबीर और अन्य कविताएँ' नाम से पुस्तक लिख कर 'नूरमियाँ', 'बनारस', 'मगहर' और कई कविताओं के माध्यम से सीधे कबीर से अपना वास्ता बनाया है। स्वयं केदार नाथ सिंह मेरे इस वक्तव्य से चकित हुए थे और उन्होंने कहा था कि इस बात पर किसी का ध्यान ही नहीं गया। ऐसा कैसे हो सकता है कि मैं अकेले इतने बड़े जनाधार के सन्त कवि और महान क्रान्तिकारी से अकेले-अकेले जुड़ सकता हूँ या अपनी कविता के लिए नितान्त अलग कवि के रूप में प्रस्तुत हो सकता हूँ। इस बात ने उनको मथना शुरु किया और उन्होंने अपनी इस नयी प्रतिष्ठा को अलहदा करके खड़ी बोली में हिन्दी कविता की परम्परा की खोज करते हुए एक 'शोध-पत्र' लिखा। यह शोध-पत्र 'हाईडिल वर्ग' जर्मनी में आयोजित कबीर संगोष्ठी में 15,16,17 जून, 99 को किसी दिन पढ़ा गया। संगोष्ठी में मैं भी था।। 'नागार्जुन' को 'आधुनिक कबीर' कहने वाले डा0 नामवर सिंह भी थे। केदार नाथ सिंह ने अपने पर्चे में बताया कि यह संयोग ही है कि भारतेन्दु से लेकर निराला तक कोई कवि कबीर से जुड़ा नहीं दिखाई पड़ता। तमाम तरह की क्रान्ति और अवहेलना झेलने के बाद भी निराला ने 'तुलसीदास' पुस्तक लिखी, 'राम की शक्ति पूजा' लिखी, 'राम चरित मानस' के बालकाण्ड के बड़े अंश का खड़ी

बोली में ‘विनयखंड’ नाम से अनुवाद किया। इसी तरह आधुनिक कबीर कहे जाने वाले नागार्जुन ने भी कबीर को कहीं से याद नहीं किया, लेकिन विजयदेव नारायण शाही की पुस्तक ‘साखी’ और उसमें व्यवहृत ‘साधो भाई’ सम्बोधन कबीर से जुड़ते हैं। वे कबीरचौरा मुहल्ले के रहने वाले भी थे। केदार जी ने स्वयं को शामिल करते हुए ‘काशी का जुलाहा’ के लिए त्रिलोचन को भी याद किया और सूचना दी कि दिल्ली के उदय प्रकाश कबीर के पदों के वज़न पर कुछ पद लिख रहे हैं। डा0 नामवर सिंह ने निराला के काव्य को कबीर से असम्पृक्त मानते हुए उनके गद्य ‘बिल्लेसुर बकरिहा’ और कहानी ‘चतुरी चमार’ को घुमा-फिरा कर कबीर से जोड़ लिया लेकिन इस खींच-तान में ‘खींच’ ज्यादा थी, ‘तान’ कम थी। चूँकि सारी बात मेरी स्थापना को लेकर थी, इसलिये अपने विदेशी सहयोगियों के सामने कबीर के मामले में खड़ी बोली की पूरी आन्दोलन-धारा में मैं कबीर को निर्वासित नहीं सिद्ध करना चाहता था। बाद में मैंने केदार जी को संकेत किया कि विजयदेव नारायण शाही ‘मठ और मुहल्ले’ के असर के कवि हैं। उनका सारा लगाव जायसी से था और जायसी के कवित्व पर ही वे खुलते थे और खुले भी। नागार्जुन के सपने कालिदास तक जाते हैं। उदय प्रकाश बौड़म भाषा का लेखक है। कबीर की चुस्ती ‘आँखिन देखी’ उसके लिए सम्भव ही नहीं है। वह पुस्तक की दुनिया का आदमी है। किताबों के भीतर से अपने खेल खेलता है। अगर उसे कबीर की पहचान होती तो ‘पद’ नहीं ‘सबद’ लिखता। केवल केदार ‘सबद’ को पहचानते हैं। ‘साखी’ पत्रिका निकालते हैं और ‘बनारस’ से लेकर ‘मगहर’ तक की दूरी अपनी कविता में पार करते हैं। मैंने फिर उन्हें सूचना दी कि एक सम्भ्रान्त सामन्त संस्कार की कवयित्री वचन-विदग्ध दार्शनिक, अत्यन्त सुविधा-सम्पन्न, साक्षात् दुर्गा-महामाया, छिन्नमस्ता लगने वाली रचनाकार, उन्मनि रहनी, जोगी-रंग और मलंग अन्दाज में लिखने लगी हैं। सुख को दायें-बायें छोड़कर उन्होंने तप की रम्यता में रमण शुरू कर दिया है। यह रमण भी है, भ्रमण भी है। इसलिए कबीर के ‘सबद’ और ‘जोगी रंग’ में उतरने वाली न केवल मधुरिमा सिंह पहली स्त्री हैं, बल्कि उदास ‘निर्गुन’ की पहली कारयित्री प्रतिभा भी हैं।

मधुरिमा सिंह को कभी मैंने स्वयं कविता के लिए ‘कात्यायिनी’ और ‘संवेदना रावत’ पर बढ़त बनाने वाली रचनाकार के रूप में स्मरण किया था और उनसे कहा था कि आपकी वाग्मिता, जीवन-सुख, अध्ययनशीलता और

विलक्षण व्यक्तित्त्व ही आपके शत्रु हैं। पता नहीं कैसे वे साधुओं और सूफ़ियों के रंग में डूब गयीं और भाषा की सादगी में उन्होंने अद्‌भुत यात्राएँ कीं। सिद्धों, योगियों, कबीर, धर्मदास और पल्टूदास की सहजता,सरलता और निर्गुण उदासी को उन्होंने कैसे कमा लिया मुझे आश्चर्य होता है। वे साध-प्रवाह और धारा और उदासी की पहली रचना और प्रथम रचनाकार हैं। मैं यह बात कहते समय खड़ी बोली के पार दक्षिण भारत की अक्क महादेवी, राजस्थान की मीरा बाई, चरणदास की बहन सहजोबाई को खास तरह से याद करता हूँ तो मुझे लगता है कि भीतर से सुख, ऐश्वर्य और लोक-सम्मान सांसारिक आकर्षण को छोड़े बिना इतनी उदासी उत्पन्न नहीं हो सकती। यह कोई निर्गुण लगन ही है जो किसी को साधुओं के संग बैठाती है और लोक-लाज के पार ले लेती है। मधुरिमा सिंह ने ऐश्वर्य और महिमा के भीतर रहते हुए कहीं अतल गहवर से अपने को विरक्त कर लिया है। 'यह विरक्ति' है, प्रायः मीराँ जैसी तत्सम को अर्थात राजरंग को छोड़ने वाली उदासी। उनके पास प्यारे-प्यारे बच्चे हैं। विद्वान प्रेमी, काव्य-रसिक प्रथम श्रेणी के अधिकारी पति हैं। ऐसे पति जिन्हें मधुरिमा से अधिक मधुरिमा की कविताएँ याद हैं। एक तरह से मधुरिमा उन्हीं की कृति हैं। लेकिन उन्होंने सुविधाएँ देकर मधुरिमा को 'बावरी साहिबा' बना दिया है। दिल्ली की 'बावरी साहिबा' भी मीराँ की तरह किसी बड़े घराने की थीं। लेकिन उन्होंने मजदूरों और मालिकों की दूरी को खत्म करते हुए एक पंथ जैसा खड़ा कर दिया जिसमें बुल्ला साहब जैसे बुलाकीराम हरवाह भी हैं और गुलाल साहब जैसे गुलाल सिंह सामन्त भी हैं। मधुरिमा 'सबद' के पीछे बावरी हैं। निर्गुण अनहद का मर्म वे एक विदुषी के रूप में जानती हैं और इन दोनों का कर्म कवयित्री के रूप में उतारती हैं। पता नहीं कहाँ से उन्होंने इतना दुःख बटोर लिया है कि उनका स्वरूप 'मसानी' हो चुका है और भाषा की इतनी-इतनी सादगी उन्होंने कैसे कमा ली है। उनका विशाल पुस्तकालय, वेद, पुराण, तन्त्र, साहित्य और दर्शन का गहन अध्ययन सारा कुछ उनकी भाषा में ऐसे छन गया है जैसे कच्चा दूध दुहते समय अपना द्रव नीचे रख लेता है और सादा हल्का फेन ऊपर कर लेता है। उनकी भाषा में दुग्ध फेनी स्वच्छता और फुल्कापन है।

कई बार मधुरिमा की निर्गुण कविताओं को पढ़ते समय लगता है कि वे 'कबीर' का अनुवाद कर रही हैं। वे 'पुनर्जन्म विद्या' की विदुषी हैं। इसलिए कबीर से उनका यही अन्तर है कि वे 'मुक्ति' की बात नहीं करतीं। चौरासी लक्ष

आरपार अर्थात् 'लाइफ साइकिल' अथवा आवागमन की नित्यता की बात करती हैं। कबीर बार-बार आवागमन से मुक्त होने की बात करते हैं। द्वन्द्व को मिटा देना, बूँद को समुद्र में लीन करने की रहस्यमयता उद्‌घाटित करते हैं। वे साफ़ साफ़ कहते हैं :-

जल में कुम्भ, कुम्भ में जल है, बाहर भीतर पानी।
फूटा कुम्भ जल जलहि समाना, इहि तथ कथ्यों गियांनी ॥

लेकिन, मधुरिमा सिंह इस तरह के किसी अनन्वय और प्रलय की बात नहीं करतीं। उनके यहाँ न राम का 'रूपक है', न कोई प्रणामी भक्त? एक निरामय प्रेम और योगी वास्ता है। यहाँ यह स्पष्ट कर देना है कि योगी या जोगी का अर्थ संयोग होता है। दो का जुड़ना, एक और एक का योग है, योग द्वित्व है, कहीं उसमें धन या प्लस का भाव है, लेकिन योग का निहितार्थ है अद्वित्व अर्थात् एक और एक के सारे पचड़े से मुक्ति। वस्तुतः यह 'अहम् ब्रह्मास्मि' नहीं है 'सोऽहं' है। स्वयं में ही एकाकार हो जाना। इसलिए अपने प्रति-प्रेम और अपने प्रेम में ही सम्पूर्ण विरक्ति की अवधारणा ही मधुरिमा को कवि बनाते हैं। उनकी रचनाओं में विरह-विदग्ध व्यंजनाएँ नहीं हैं। संयोग की एषणा और इस पार से उस पार इस पार कई और बार। पारापार की अनवरतता है।

वे जीव और आत्मा के सम्बन्ध पर विचार करती हैं- "मधुकाया में जीव सनातन और आत्मा रमता जोगी" वे मन और काया का भी अन्तर समझाती हैं- "मन सोने सा दोष रहित है काया पापी जर्जर रोगी" मन, जीव, आत्मा और काया तमाम विषयों को वे गम्भीरता से बड़ी सादगी के साथ कह लेती हैं। उनके सम्बोधन में 'जोगी' बार-बार आता है। 'हंसा' भी आता है। 'सुगना' भी आता है। 'रेत की मछली' भी आती है। घर-बार, नइया, अंधेरी रात, सूरज, सराय, दीपक, कस्तूरी, सोन चिरइया, पत्थर, हरसिंगार, सोनल चुनरी, माटी का एक दिया, एकतारा, कुहासा, चित्रकूट, समिधा, अदालत, फरियादी, मुनादी, धूनी, माला, कथरी, भण्डारा, पत्तल, माया, नाविक, पतवार, नदी, जादूगरनी, पंचकोश, पंचदेव, पंचरत्न, पंचेन्द्रिय, तमाम सांस्कृतिक शब्द आते हैं जो उन्हें जातीय कविता और जाति-संगीत (इथनोम्यूजिकोलॉजी) का रचनाकार बना देते हैं। उनकी शब्द-सम्पदा सीमित है, लेकिन शब्दों की काल सम्बन्धी दूरी आठवीं शताब्दी से शुरू होकर 1850 तक आती है। हजार वर्षों

से अधिक विस्तार में फैले हुए कविता और संगीत के संसार के शब्दों को मधुरिमा सिंह ने बड़ी सावधानी से चुना है और उनका समर्पण एक 'जोगी' शब्द के लिए किया है। मैं आश्चर्य के साथ पाता हूँ कि मधुरिमा में भारतेन्दु से लेकर लीलाधर जगूड़ी, धूमिल और विनायक जैसे सशक्त महारथियों का शब्द-संसार अनुपस्थित है। वे सन्तों की भाषा को खड़ी बोली में खड़ा करती हैं। यह उनका बहुत बड़ा योगदान है। खड़ी बोली के शब्दान्वेषी धुरन्धरों ने जिन शब्दों को तिवासी रहस्यमय घोषित कर दिया था उन्हें मधुरिमा ने जीवन दिया और वे खड़ी बोली-कविता में सन्त भाषा की अद्वितीय कवयित्री के रूप में स्थापित हो रही हैं।

हमें आज साधु-सन्तों की जरूरत नहीं रह गयी है। वे 'हिपोक्रेसी' और 'पाखण्ड' के नमूने बन चुके हैं। कई के पास सुन्दर शब्दावली, अद्भुत वाचन कला और अत्यन्त निन्दनीय चरित्र है। अभी हाल तक ओशो, रजनीश शब्द की दुनिया में मुग्धकारी महाव्याध के रूप में सामने आये थे। उनके पास ऐसी मनोहारी तर्कणा और भावना से पूर्ण भाषा थी कि शशक, मृग, सिंह और गैंडे तक उनकी भाषा में फंस जाते थे, लेकिन उनकी भाषा दमा के एक रोगी की ऐसी तृष्णा थी जो अपनी देह से नहीं भोगता, दूसरे या दूसरों की भोग-छवि को भी भोगता है। अंग्रेजी में जिसे 'परवर्जन' कहते हैं। उसका उदात्त और उद्दाम रूप ओशो रजनीश में दिखाई पड़ता है। अगर वे अल्पायु और रोगी नहीं होते तो शब्द और चरित्र की दूरी बनाने वाले कई शताब्दियों के नायक हो गये होते। मुझे प्रसन्नता है कि मधुरिमा सिंह के शब्द-संसार पर रजनीश की कोई छाया तक नहीं पड़ी है। वे जीवन्त अध्यात्म और वियोगी रंग की विलक्षण कवयित्री हैं। उन्हें बार-बार और कई बार इसी रंग की कविताएँ लिखनी चाहिए।

कबीर की छहःसौवीं जयंती के मौके पर, कवि कबीर के लिये कविता के सुन्दर फूलों का यह माल्यार्पण वक़्त की तमीज और ज़रूरत दोनों के भीतर रचा गया है। इन कविताओं का 'कैसेट' बना कर गाँव-गाँव में सुनाया जाना चाहिए जिससे 'नरसंहार' के लिए प्रशिक्षण प्राप्त गाँव के गरीब लोगों के गरीब हत्यारों के हाथ, हथियारों को छोड़ कर कविता के शब्दों को छूना चाहें। मधुरिमा की कविताएँ लिखित परम्परा का सुंदर नमूना हैं और मौखिक परम्परा की प्रमाण हैं। इन्हें पढ़ना भी चाहिए। इन्हें पढ़वाना भी चाहिए। इन्हें

सुनवाना भी चाहिए। ये रचनाएँ पढ़ने और सुनने की दूरी तय करती हैं और खड़ी बोली की कविता को अपना निहायत 'अपना' लिखने के लिए चुनौती भी देती हैं। चुनौती यह कि कोई लड़ाई या तपस्या शब्द-संगीत से लड़ी जा सकती है, वैचारिक हो सकती है। बारूद, गोले और हथियार कायर हाथों के हाथ होते हैं।

—शुकदेव सिंह

अनुक्रम

दुनिया रैन बसेरा

दुनिया रैन-बसेरा
जोगी,
दुनिया रैन-बसेरा
ना कुछ तेरा ना कुछ मेरा, झूठ है तेरा-मेरा
मन को लूटा मन ने तेरे, मन तो एक लुटेरा
हँसते-हँसते भूला उसको, रोते-रोते टेरा
कुछ रंगों का जाल है दुनिया,इन्द्रधनुष का घेरा
जीवन-जल में जाल को डाले, बैठा काल-मछेरा
दिन भर चलना नगरी-नगरी, दिन डूबे तो डेरा
उसकी नगरी जाकर जोगी,'जाने कब हो फेरा'
'मधु' माया के रंग सजाकर जादू करे चितेरा

लगा है आना-जाना

लगा है आना जाना
जोगी,
लगा है आना जाना
बस-अपना किरदार निभाकर, सबको वापस जाना
जनम गँवाया सुख-भोगों में, रहना सोना खाना
मन-मन्दिर में उसके आगे, आँख के दीप जलाना
एक बार बस मिल जाए वो, फिर कुछ और न पाना
दुनिया दुख की खेती – बारी, किस को दर्द सुनाना
साँसों की बंजारन चाहे, पक्का ठौर – ठिकाना
'मधु' जला ले साँस के दीपक, आँखों को बुझ जाना

आया वक़्त तकाजे का

आया वक़्त तकाजे का
जोगी,
आया वक़्त तकाजे का
मौत ये हँसकर बोली हमसे आया वक़्त तकाजे का
मन का जोगी बैठ झरोखे, रस्ता तके जनाजे का
तारों से घायल है उंगली, टूट गया सुर बाजे का
राग-रंग सब रह जाना है, ठाठ-बाट सुख साजे का
माटी की गुड़िया को तरसे, मन वो बेटा राजे का
जब तक उसका रूप न झलके, मन-दर्पन किस काजे का
'मधु' काफ़ी है दो गज कपड़ा, रस्ता छोड़ बजाजे का

किसको दर्द सुनाता है

किसको दर्द सुनाता है,
जोगी,
किसको दर्द सुनाता है
किसकी ख़ातिर कौन मरा कब, साथ कहाँ कोई जाता है
जनम-जनम का लेखा होता, जो खोता, जो पाता है
अपनी ख़ातिर सब सुख जोड़े, उसकी ख़ातिर क्या लाता है
छोड़के तुझको तेरी चिता पे, हर रिश्ता वापस जाता है
जिसमें सारे दुख बंदी है, काया तेरी वो 'हाता' है
जो ना पूजे, उसको भी दे, वो ऐसा निश्छल दाता है
तेरी पीड़ा को जो भोगे, ऐसी तो केवल माता है
जिसका जितना आँचल है 'मधु' वो उतनी भिक्षा पाता है

कोई नहीं है तेरा

कोई नहीं है तेरा
जोगी,
कोई नहीं है तेरा
क्या लाया जो ले जायेगा, करता मेरा मेरा
दाना डाल के पाँच सुखों का, तन ने जाल बिखेरा
तन को छूकर तन जागे है, भूखा तप्त अँधेरा
सतरंगी सपनों की माया रचता भाग्य-चितेरा
रिश्ते-नाते बुझ जाते हैं, तन जब आग ने घेरा
तेरे अन्दर बैठा जोगी, बाहर जिसको हेरा
जोगी! 'मधु' आये ना आये, जनम-जनम का फेरा

क्या खोना क्या पाना

क्या खोना क्या पाना
जोगी,
क्या खोना क्या पाना
खाली मुट्ठी, खाली झोली खाली हाथ ही जाना
महल अटारी रिश्तेदारी, सब कुछ है रह जाना
छोड़-छाड़ सब चल देना है, जब आये परवाना
खुद से बिछड़कर खुद को ढूँढे, तू कितना दीवाना
तेरे पाप का लेखा उस पर, चलता नहीं बहाना
प्राण बिना ये तन है लकड़ी, धू-धू कर जल जाना
'मधु' मौत से क्यों डरना जब कटते ही उग जाना

रुक जा, रुक जा, रुक जा जोगी

रुक जा, रुक जा, रुक जा जोगी
गाँव की गलियाँ, घर-चौबारे, ऐसे छोड़ के मत जा जोगी
मन सोने सा दोष रहित है काया पापी जर्जर रोगी
तेरे प्रेम की जोगन पूछे, फिर कब तुझसे भेंट है होगी
हंसा बोला यह काया से, "कैसे इतनी पीर सहोगी
जो आया है वो जायेगा, कब तक खुद को धोखा दोगी
तृष्णा फूँके इस काया को, तन देकर मन कैसे लोगी"
"देह जलाकर तोड़ूँ बंधन, साथ चलूँगी सुन ले जोगी
जनम-जनम से तेरी जोगन और पिया तू मेरा जोगी
तन-कारा को जीवन माना मुझसे अब ये भूल न होगी"
'मधु' काया में जीव सनातन और आत्मा रमता जोगी

पाँच में दुनिया सारी

पाँच में दुनिया सारी
जोगी,
पाँच में दुनिया सारी
पंचतत्व से पाँचों इंद्री निर्मित हुई हमारी
पाँच वायु हैं तन में फिरते, प्राण-वायु है भारी
पंचकोष की जीव-अवस्था भूले जीवन धारी
पंचदेव के पंचयज्ञ में जीवन की तैयारी
पंचरत्न में आकर्षण है, माया की ऐयारी
जग धोखा है, सच्चे केवल पंचमुखी त्रिपुरारी
'मधु' मिलना है पंचभूत में सबको बारी-बारी

झरै पीत हो पाती

झरै पीत हो पाती
जोगी,
झरै पीत हो पाती
हंसा उड़कर जाये अकेला, काया है रह जाती
बस मुट्ठी भर राख है काया, फटे दम्भ से छाती
भोग ने भोगा तुझको पगले, माया नाच नचाती
कोई न लौटा, सब जायेंगे, फिर क्यों याद रूलाती
फटे पुराने कपड़े तज कर, देह मुक्ति है पाती
पाँच छेद का घट ये काया, कितने सुख भर लाती
मिल जाती 'मधु' जोत, जोत में, सागर बूँद समाती

प्रीत नहीं है साँची

प्रीत नहीं है साँची
जोगी,
प्रीत नहीं है साँची
सच्चे मन से मन की पाती, किसने कब है बाँची
सबने धोया तन को अपने, तृष्णा किसने काँची
आग की समिधा आग बढ़ाये, दहके तन में आँची
मन से मन का नाता जोड़ा, पतरी किसने जाँची
कस्तूरी को ढूंढे हिरना, बन-बन मार कुलाँची
मन को चाहे तीखी लागे, बात है 'मधु' की साँची

नाम जपूँगी तेरा

नाम जपूँगी तेरा
जोगी,
नाम जपूँगी तेरा
मन की कोरी भीत पे मैंने, तेरा नाम उकेरा
तन की तृष्णा अंधा करती, मन तो सदा उजेरा
माया-नागिन जादूगरनी, नाचे नाच सँपेरा
ठेस लगा कर रूप गढ़ेगा, काल है एक ठठेरा
जिस दुनिया को अपना समझे एक रात का डेरा
मन की अहल्या तर जाती है, पाँव पड़े जो तेरा
मन के सारे पाप तू तारे, तू उद्धारक मेरा
'मधु' ये माया-नगरी, उसने स्वर्णिम जाल बिखेरा

जग से तेरा क्या नाता है

जग से तेरा क्या नाता है
जोगी,
जग से तेरा क्या नाता है
जो भी जग में आता जोगी, इक दिन वापस जाता है
जैसे सुन्दर देख खिलौना, नन्हा मन ललचाता है
रेत का पानी जैसे मृग की सोई प्यास जगाता है
तेरे कर्म का लेखा होता, जो खोता, जो पाता है
रिश्ते-नाते चिता तलक हैं, अपना आग लगाता है
धन-दौलत और संग-सहारे, साथ कहाँ कोई जाता है
साथ नहीं कोई रोयेगा, किसको दर्द सुनाता है
माँ के जैसी गहरी पीड़ा, जग में कौन उठाता है
'मधु' तुझको सच मिल जायेगा जब वो अलख जगातां है

बहे समय की धारा

बहे समय की धारा
जोगी,
बहे समय की धारा
काल की नदिया कल-कल बहती, उलझा पाँव सिवारा
झूठे नाते सच्चे माने, सच को कहाँ पुकारा
'काम' का सागर इतना फैला, दिखता नहीं किनारा
कुटुंब कबीला, दुनियादारी, छूटे घर-चौबारा
रिश्तों की पतवारें झूठीं, उसका एक सहारा
सच्चे मन से जपा है जिसने, उसको पार उतारा
बीच भँवर जब फँसी है नैया, उसका नाम गुहारा
मौत किनारा, जीवन नदिया, ऐसा सत्य विचारा
उसने जन्मा, उसने पाला, 'मधु' उसने संहारा

बीज करम के बोना

बीज करम के बोना
जोगी,
बीज करम के बोना
जब तुझको वो मिल जाये तो, पाँव अश्रु से धोना
क्या लाया जो ले जायेगा, बेमतलब का रोना
मन कहता है, एक बार ही, हो जाये, जो होना
शब्दों में क्या बाँधें उसको, बूँद में सिंधु समोना
सपने लम्बे उमर है छोटी, सपने नहीं सँजोना
साथ चिता के सब जल जाना, क्या पाना क्या खोना
सच्चा नाविक जाने जोगी, कब है नाव डुबोना
वो पारस है छूकर उसको, 'मधु' बन जा तू सोना

मन क्यों डरा-डरा सा

मन क्यों डरा-डरा सा
जोगी,
मन क्यों डरा-डरा सा
मैं तुझमें हूँ, तू मुझमें है, फिर क्यूँ प्रेम डरा सा
झुलसे तरु की आँखों में क्यूँ, बूटा हरा-हरा सा
तेरी पीर ही शक्ति तेरी, धर ले धीर धरा सा
'तेरे' नाम की दौलत सच्ची, जैसे स्वर्ण खरा सा
बुझती आँखें देख रही हैं, सपना मरा-मरा सा
साँसों ने सब कर्जे पाटे, बाकी सूद जरा सा
'मधु' प्यासा है पोर-पोर क्यूँ, सागर भरा-भरा सा

झूठी तन की दूरी

झूठी तन की दूरी
जोगी,
झूठी तन की दूरी
मन से मन की जोत जलाकर, पूजा कर ले पूरी
तन को पाकर प्यासा रहना तन की है मजबूरी
तन के भोगे तृष्णा बढ़ती, रहती तृप्ति अधूरी
सबको उतना देता मालिक, जितनी बने मजूरी
मन का जोगी मन का चाकर मन की करे हजूरी
जान ले उसको ढूँढे तुझको 'मधु' तेरी कस्तूरी

बाहर किसे पुकारा

बाहर किसे पुकारा,
जोगी,
बाहर किसे पुकारा
तेरे अंदर बैठा पगले बाहर जिसे पुकारा
माया की ऐयारिन करती सतरंगी अँधियारा
माँग ले उससे, उसको मनवा, उसने जनम सुधारा
घर को धोया, तन को धोया, मन को कहाँ बुहारा
मात-पिता औ गुरु का कर्जा किसने यहाँ उतारा
सच्चे मन से क्षमा तो मांगो, उसने सदा उबारा
जनम-जनम की रात है बीती चमका भोर का तारा
सूर्य-लोक हैं तुझमें शत-शत छिटका दे उजियारा
'मधु' जप ले तू नाम राम का, छूटे तन की कारा

जारी जग भंडारा

जारी जग भंडारा
जोगी,
जारी जग भंडारा
पंगत बदले, पत्तल बदले सब लेते चटकारा
भींच लो मुट्ठी, मिला है उतना जितना प्राप्य तुम्हारा
चादर से आगे भी किसने, कब है पाँव पसारा
माँग ले उसको, उससे मनवा, उसने जनम सुधारा
कितना खोना कितना पाना, लिक्खा भाग्य लिलारा
जब तक मन में भूख है बाकी, आना पड़े दुबारा
पात सकोरा छेद भरे हैं, कितनहु पानी ढारा
बारी-बारी सब जीमोगे, जितना भोग्य तुम्हारा
उसकी किरपा मिला है सब कुछ, 'मधु' उसका जयकारा

रह रह याद सताती

रह रह याद सताती
जोगी,
रह रह याद सताती
पाप की पीड़ा लेकर बोझिल साँस है आती-जाती
तू मिल जाता कभी जो मितवा, मन की पीर सुनाती
आँख की नदिया में पूजा के, जलते दीप बहाती
तुझसे सब कुछ कह डाला है, कब तक पाप छुपाती
तेरा अर्चन करना चाहूँ मैं इक बुझती बाती
तुझको पूजूँ, तुझको लिक्खूँ, तुझको हर पल गाती
पाप की गठरी, काया मेरी, कैसे तुझ तक आती
'मधु' की मैली चादर ले ले, उजली दे दे थाती

टूटे प्रीत के धागे

टूटे प्रीत के धागे
जोगी,
टूटे प्रीत के धागे
नींद भरे आँखों में पगली जोगन-रैना जागे
अपनी गंध से व्याकुल होकर हिरना कब तक भागे
रेत के पानी जैसी तृष्णा दौड़े आगे-आगे
करम की मैली-कुचली कथरी, मनवा कैसे 'तागे'
तुझको पाता वो ही जग में, मन जो आँच पे पागे
धू-धू जलती चिता से उठकर, कोई कैसे भागे
'मधु' तुझको ही देखे सबमें, तू ही अपना लागे

मीत नहीं है कोई

मीत नहीं है कोई
जोगी,
मीत नहीं है कोई
सोच-सोच कर पगली पीड़ा, रात-रात भर रोई
खेतों में काँटे ही काँटे, फसल ये कैसी बोई
मन में तू है, मन की देहरी लगती धोई-धोई
जोगी मन-मंदिर महके है चादर कहाँ भिगोई
रेत की नदिया में सपनों ने अपनी नाव डुबोई
तेरी जोगन ध्यान में तेरे, रहती खोई-खोई
तेरी सुधि से महके माला, साँस में गंध पिरोई
'मधु' थक कर फिर उठे न जोगन, एक बार जो सोई

तुम तो बड़े गाँव के जोगी

तुम तो बड़े गाँव के जोगी
जोगी,
तुम तो बड़े गाँव के जोगी
हम सब तुम्हरे नौकर-चाकर, पापी कामी भोगी
हम क्या समझें ज्ञान तुम्हारा घायल पागल रोगी
हम तो करते मन की गुलामी तुम ठहरे हठयोगी
पोर-पोर में पीर सुलगती, कैसा ताप है जोगी
सपने आँखों से कहते हैं कब तक पलकें बंद रखोगी
साँस बावरी हँस कर पूछे, कैसे इतनी पीर सहोगी
गाँठ जोड़ कर, गाँठ जला दी, तुम कैसे संयोगी
ओ बैरागी! कह दो इतना, तुम धूनी की भाँति जलोगी
जोगन कितने जनम गँवाकर, सुख-सपनों का मोल करोगी
'मधु' आँखों की कच्ची गागर, कितना खारा नीर भरोगी

जीवन जैसे हो गुड़िया की शादी

जीवन जैसे हो गुड़िया की शादी
जोगी,
जीवन जैसे हो गुड़िया की शादी
झूठ-मूठ के सजे बराती, झूठ-मूठ की शादी
इक तरफा थी बड़ी अदालत, हारे हम फरियादी
इक दीवार उठाकर तुमने, हर दीवार गिरा दी
बनते-बनते गिरी हवेली, ख़ामी थी बुनियादी
आँसू की स्याही से लिख-लिख, अपनी पीर सुना दी
सारी बस्ती जान गई सब, किसको बात बता दी
झूठे जग का प्रेम भी झूठा, कर दो आज मुनादी
लोक लाज की चादर 'मधु' ने, सर से आज हटा दी

शिव का नाम है जपना

शिव का नाम है जपना
जोगी,
शिव का नाम है जपना
आँखें सच्ची, सपने झूठे टूटेगा हर सपना
हरसिंगार की डाली जैसा, हो अधरों का कँपना
काया की तृष्णा की खातिर तू अब और न खपना
तन भर सबके कफ़न का कपड़ा इक दिन तो है नपना
भोग की समिधा, तन की अगनी, जीवन भर है तपना
तन चाहे है रोम-रोम पर, शंकर-शंकर छपना
'मधु' नातों के नाम सजीले, कोई नहीं है अपना

मनवा कितना प्यासा

मनवा कितना प्यासा
जोगी,
मनवा कितना प्यासा
सागर प्यासा, धरती प्यासी, बादल प्यासा-प्यासा
युग-युग से प्यासी थी मीराँ, लिक्खा प्यार ज़रा सा
उसकी चौखट जलना चाहूँ मैं इक दीप बुझा-सा
भोगों के दुख भोग-भोग भी, मिटती नहीं पिपासा
जब से खुद में देखा तुझको, मनवा धुला-धुला सा
सबके अंदर वो ही रहता लेकिन छुपा-छुपा सा
सूरज के आते ही छँटता, भीगा सर्द कुहासा
भरी-भरी है सुख की नदिया अंतरमन क्यों प्यासा
हीरे-मोती भर ना पाये, 'मधु' का खाली कासा

कितना घना अँधेरा

कितना घना अँधेरा
जोगी,
कितना घना अँधेरा
अन्तर्मन की गुफा अँधेरी, तन का गाँव अँधेरा
चर्म चक्षु से कब दिखना है, क्या-क्या रचे चितेरा
अँधियारे की चादर पर ही, काढ़े फूल उजेरा
अंधकार में बीज सूर्य का, बोता कृषक-सवेरा
एक रात की जोगन साँसें, एक रात का डेरा
चित् का जिसमें समाहार हो, चित्रकूट का घेरा
राम-नाम का रंग सुनहरा, कण-कण स्वर्ण बिखेरा
अजब है 'मधु' ये जादू नगरी, डसता साँप, सँपेरा

लिक्खा दर्द ज़रा सा

लिक्खा दर्द ज़रा सा
जोगी,
लिक्खा दर्द ज़रा सा
हीरे-मोती कब भर पाये, मन का खाली कासा
सब कुछ कह डाला है फिर भी, बाकी ज़रा-ज़रा सा
रेत की मछली छूना चाहे, सागर भरा-भरा सा
हर पत्थर में बुत रहता है, लेकिन छुपा-छुपा सा
मन-आँगन में महक रहा है, इक आकाश धुला सा
नैनों की झीलों पे सिमटा, भीगा सर्द कुहासा
'मधु' लिखकर अब क्या करना है सब कुछ कहा-कहा सा

कब तक राज छुपाती

कब तक राज छुपाती
जोगी,
कब तक राज छुपाती
तेरे प्रेम की जोगन तुझ से कब तक प्रेम छुपाती
तेरे नाम की माला जप कर जिह्वा नहीं अघाती
बस कपास का फूल है काया, पल भर में जल जाती
बुझते-बुझते एक दिये की कांप रही है बाती
इकतारे का तार था टूटा कैसे दर्द सुनाती
अपने मन की नदिया में, अपने ही फूल बहाती
आँख की सीली लकड़ी कब तक ऐसे ही धुँधवाती
'मधु' उसके पैरों के नीचे अपनी राख बिछाती

साँस का कौन ठिकाना

साँस का कौन ठिकाना
जोगी,
साँस क्ा कौन ठिकाना
हरसिंगार का फूल हैं साँसें, हवा छुए झर जाना
आँखों की सूखी धरती में, ओस के फूल उगाना
जप ले जप ले नाम-राम का साँसों को समझाना
सूरज की नगरी में जाकर पंखों को जल जाना
रात पुजारिन, चंदा जोगी, भोर भये छिप जाना
देह छोड़कर, प्राण का पंछी, बिना पँख उड़ जाना
आँख महाजन सूद चढ़ाये, खिल-खिल कर बतियाना
'मधु' माटी का एक दिया तन, रात ढले, बुझ जाना

बाँध ले साँस की गठरी

बाँध ले साँस की गठरी
जोगी,
बाँध ले साँस की गठरी
देह-देहरी गीली माटी, तन की कच्ची गगरी
सूखी आँखें, सूखी धरती, घिर-घिर आये बदरी
अपने काँधे ढोऊँ अपनी, सूखी जर्जर ठठरी
ओढ़-ओढ़ कर मैली कर दी, जनम की सोनल चुनरी
चार बाँस की छाँह में आकर, हिरनी गाये कजरी
साँझ ढली घर लौटेंगें 'पिउ', जल्दी-जल्दी सज री
'मधु' कर्मों की 'खील' बिखेरो, छूट चली ये नगरी

दर्द को ओढ़ूँ दर्द बिछाऊँ

दर्द को ओढ़ूँ दर्द बिछाऊँ
जोगी,
दर्द को ओढ़ूँ दर्द बिछाऊँ
साँस-साँस में दर्द पिरोकर, दर्द के गीत सुनाऊँ
तेरे नाम के इकतारे पर, रच-रच तुझको गाऊँ
तू अम्बर मैं धरती जोगी, तुझ तक कैसे आऊँ
पत्थर का तन पत्थर के पर, कैसे मैं उड़ पाऊँ
भोगों से तपती काया पर ओस के फूल चढ़ाऊँ
हरसिंगार मैं तेरे दर का, हवा छुए झर जाऊँ
तू रूठे तो तुझे मना लूँ, मुरली रोज छुपाऊँ
तुझको चाहूँ, तुझको पूजूँ, तुझमें ही खो जाऊँ
तू तो कान्हा श्याम-कसौटी, सोना मन कसवाऊँ
जल की मछली, जल में डूबूँ जल में ही उतराऊँ
'मधु' आँखों की भूल-भुलैया, जनम-जनम खो जाऊँ

झूठी प्रेम कहानी

झूठी प्रेम कहानी
जोगी,
झूठी प्रेम कहानी
काया का सुख लेते-देते, बीती रैन सुहानी
किसने समझी, किसने जानी, ये पीड़ा अनजानी
झूठे सारे महल-दुमहले, झूठे राजा रानी
जिस काया की खातिर सब कुछ, वह भी साथ न जानी
मेरी आँखें मेरे आँसू, विरहन प्रीत पुरानी
यह माटी की गुड़िया जोगी, चिता धरे जल जानी
सीढ़ी चढ़कर मन-मंदिर तक, आया गहरा पानी
क्या समझूँ मैं पूजा-मंतर, मैं मूरख अज्ञानी
तन के रिश्ते साथ जला कर, काया भी मिट जानी
'मधु' साँचा बस नाम राम का, दुनिया आनी-जानी

क्या कह दें क्या पाया

क्या कह दें क्या पाया
जोगी,
क्या कह दें क्या पाया
ऐसा लगता पाँव के नीचे हो बादल का साया
सूखे तरु की सूखी आँखें, सपना फिर अँकुराया
तन कस्तूरी, मन में महकी, रोम-रोम थर्राया
पोर-पोर में सुख का सागर, लहर-लहर लहराया
सुख के पीछे जितना दौड़े उतना ही दुख पाया
सोनचिरैया ने सूरज को सोनल गीत सुनाया
लोहे की जंजीर थीं साँसें पारस आज छुआया
महक रही है देहरी मन की, हिरना समझ न पाया
तेरी साँसों के चन्दन ने मन-मंदिर महकाया
मरते-मरते जी गयी जोगन, ऐसा रोग लगाया
अन्तःपुर में पुरूष सनातन, 'मधु' ने सत्य बताया

दुनिया एक सराय

दुनिया एक सराय
जोगी,
दुनिया एक सराय।
लगा है आना-जाना जग में एक रूके इक जाय
माया के नातों में मितवा काहे मन उलझाय
देह का रिश्ता, देह रहे तक, देह जले जल जाय
पानी में झलके जो सूरज, सूरज ना कहलाय
जैसे-जैसे ढलता सूरज छाया बढ़ती जाय
बंद आँख का सपना सच्चा, आँख खुले खो जाय
कलम भी उसका हाथ भी उसके जो चाहे लिखवाय
सूखी नदिया, रेत बहे ना, काहे नाव चलाय
'मधु' आँखों की देहरी बुझते दीपक कौन जलाय

सुगना करै गुहार

सुगना करै गुहार
जोगी,
सुगना करै गुहार
पिंजरा खोलो पंचतत्व का, जाना है उस पार
तन से लिपटीं चिता की लपटें, पंछी पंख-पसार
छूटे तन के सारे रिश्ते, छूट गया घर-बार
जनम-जनम की टूटी नैया, कर दे बेड़ा-पार
झूठे जग का प्रेम भी झूठा, झूठा सब संसार
रात अँधेरी, गांव पराया, रूकना है बेकार
तन की धरती, सुख के दाने चुगना बारम्बार
सात रंग का सुन्दर सुगना, सूरज का आकार
द्वार तिहारे नाम रटूँ मैं, सुन ले आज पुकार
पाप-पुण्य का लेखा रखता, साँचा रब-दरबार
'मधु' माटी का खेल-खिलौना,गढ़ता रूप-कुम्हार

तुझको भूल न पाऊँ

तुझको भूल न पाऊँ
जोगी,
तुझको भूल न पाऊँ
इत-उत डोलूँ पगली जैसी, रह-रह द्वारे धाऊँ
कच्ची-पक्की दाल उतारूँ, रोटी रोज जलाऊँ
तू रूठा तो साँसें रूठी, कैसे तुझे मनाऊँ
सारी सखियाँ झूठी लागें, किसको पीर सुनाऊँ
दीवारों पर खींच लकीरें, गिन-गिन रोज मिटाऊँ
जनम-जनम की जूठी काया, कैसे भोग लगाऊँ
तेरे परस से पारस होकर तुझसे ही इतराऊँ
तेरी आँखों में अब काहें, खुदको ढूँढ न पाऊँ
'मधु' आँखों की स्याही से लिख, सपने तुझे सुनाऊँ

जीवन एक तमाशा

जीवन एक तमाशा
जोगी,
जीवन एक तमाशा
खुद ही खेलें, खुद ही देखें, ऐसा खेल तमाशा
धूप-छाँव हैं दुःख-सुख सारे, आशा और निराशा
खाकर इसको बौराये मन, ये विष-भरा बताशा
मैंने हँसकर झेल लिये दुःख, हुई हताश हताशा
वो मुंसिफ है, सब कुछ जाने, कर्म का तोला-माशा
स्वांग भरे सब नाच रहे हैं, बाजे ढोलक-ताशा
जले खेत से अंकुर फूटें, जले कभी ना आशा
'मधु' उसको बतला दे कोई, कैसे उसे तलाशा

बैरागी मन हारा

बैरागी मन हारा
जोगी,
बैरागी मन हारा
दुनिया चाहे सोना-चाँदी, माटी मोल हमारा
सुख के पीछे दुःख ढो-ढोकर, बीता जीवन सारा
नगरी-नगरी तुझको ढूँढे, मन पागल बनजारा
पत्थर यदि पत्थर ही होता, क्यों देता जल धारा
बिना जोड़के जुड़ा रहा मन, कैसा ईंटा-गारा
जनम-जनम का पथरायापन, पल में छूकर तारा
झूठे प्रेम को गाते-गाते, टूट गया इकतारा
बेगानों की इस बस्ती में, किसने मुझे पुकारा
'मधु' बढ़कर उस नदी को छूले, जिसका नहीं किनारा

काहे तड़पे मीन

काहे तड़पे मीन
जोगी,
काहे तड़पे मीन,
तू तड़पे है जल बिन जितना, जल कब तड़पे मीन
जीवन भर पानी में मछली, रहती है तल्लीन
छटपट-छटपट उछले कितना, जाल हुआ जल हीन
मरकर भी उतराये जल में, जल में डूबे मीन
पानी! तूने दी हैं साँसें, तू ही साँसें छीन
जल में तैरे, जल में डूबे, बंधकर भी स्वाधीन
सागर भूला, सारा पानी सूरज के आधीन
जल ही अन्दर, जल ही बाहर, जल ही जल में लीन
तड़प उठे ये जल भी तुझसा, ऐसे तड़पो मीन
ब्रह्म, जीव, माया, 'मधु' गाये, तत्त्व विचारो तीन

आँसू का जल खारा

आँसू का जल खारा
जोगी,
आँसू का जल खारा
आँख के अन्दर, एक समन्दर, तबही आँसू खारा
झूठ है आदर, झूठ अनादर, झूठा है जग सारा
भाग्य का मेरे, भोग तू भोगे, सब कुछ तुझ पर वारा
बंद है मुट्ठी, झलके फिर भी, हीरे का उजियारा
जाल में मछली छोड़ अकेली, निकल गई जलधारा
खाल सजेगी, घर महकेगा, कस्तूरी-मृग मारा
होंठ महकते, जीभ मिठाती, पीकर आँसू खारा
आँखों की देहरी उजलाई, कैसा काजल पारा
'मधु' सपने मीठे हैं जितने, आँसू उतना खारा

उसको प्रेम ही पाये

उसको प्रेम ही पाये
जोगी,
उसको प्रेम ही पाये
ज्ञानी-ध्यानी भटक रहे हैं, उसको प्रेम ही पाये
माला-माला, जपकर भी तो, उसको जप ना पाये
माला पूरी होते ही तो, ध्यान भंग हो जाये
साँसों के रूद्राक्ष पिरोकर, बिना गिने, कब ध्याये
लख सोलह सौ साँस की माला, फिर-फिर फेरत जाये
'प्रेम-योग' से प्रभु को पाले, जनम अकारथ जाये
'पारस-परस' से तारे जिसको, उसको कौन मिटाये
मीरा प्रेम की माला फेरे, कबिरा 'सबद' सुनाये
तुलसी के मानस में उतरे, 'सूरा' ने पद गाये
प्रेम है राधा, प्रेम है मीरा, बिना जपे पा जाये
'मधु' कहता 'वो' जाप नहीं मैं 'अजपा' जाप ही पाये

मन क्यों धरता धीर नहीं

मन क्यों धरता धीर नहीं
जोगी,
मन क्यों धरता धीर नहीं
अभी और भोगेगा कितना, काहे मन को धीर नहीं
'वहाँ' अकेले तू जायेगा, दुनिया की जागीर नहीं
जिसके मन में 'पीर' न होवे, ऐसा कोई 'पीर' नहीं
बिना डोर के बँधी है मैना, पैरों में जंजीर नहीं
मन के अन्दर सिन्धु समाया, इस नदिया का तीर नहीं
तन चाहे तो पाप छुपा ले, मन पर कोई 'चीर' नहीं
देह की 'माटी' जल जानी है, पिंजरे में अब 'कीर' नहीं
आत्म तत्त्व हैं, सत्य-सनातन, इसको मारे 'तीर' नहीं
कलुष है 'मधु' ये मन का गहरा, धोता कोई नीर नहीं

टूट गया इकतारा

टूट गया इकतारा
जोगी,
टूट गया इकतारा
झूठे प्रेम को गाते-गाते, टूट गया इकतारा
एक नाम को जपते-जपते, छूट गया जग सारा
तन का भोगी जीता अक्सर, मन का जोगी हारा
क्षितिजों के संग भाग-भागकर, मन हारा बेचारा
हर बादल से पानी मांगे, प्यासा सागर खारा
नगरी-नगरी ढूँढे तुझको, आँखों का बनजारा
जलते-जलते चटकी लकड़ी, छिटक गया अंगारा
नैनों की नैया ले डूबा, सपनों का मछुआरा
'मधु' साँसों के पंछी ने तो, सोनल-पंख पसारा

तू कितना दीवाना

तू कितना दीवाना
जोगी,
तू कितना दीवाना
पानी के काग़ज़ पर लिखता, पानी का अ़फसाना
रिश्तों की दीवारें कच्ची, रिश्तों को ढह जाना
बर्फ की लकड़ी काया तेरी, चिता धरे गल जाना
आँख की जोगन सगुन मनाये, कब हो दर्शन पाना
कटे तने से अंकुर फूटे, ख़ुशी-ख़ुशी कट जाना
इन हाथों के भोजपत्र पर, नाम तेरा लिखवाना
तन भी माटी, मन भी माटी, क्या जलना-जलवाना
'मधु बेले सा महके है क्यों साँसों का वीराना

माटी का खो जाना क्या

माटी का खो जाना क्या
जोगी,
माटी का खो जाना क्या
माटी मिलकर भी माटी है, माटी का मिल पाना क्या
जीवन दुख का ताना-बाना, उलझन का उलझाना क्या
गूंगे-बहरों की बस्ती में, सुनना और सुनाना क्या
घड़ी मौत की, आँख खुली है, बाकी है अ़फसाना क्या
साथ जलेंगी सभी लकीरें किस्मत का पढ़वाना क्या
माटी आख़िर माटी ही है, जलना क्या, दफ़नाना क्या
साँसों की बस एक कहानी लिखना और लिखाना क्या
'मधु' 'अन्तर' में घना अँधेरा, दीपों का जलवाना क्या

लहर लहर लहराये सागर

लहर-लहर लहराये सागर
जोगी,
लहर-लहर लहराये सागर
सागर जैसा अम्बर ओढ़े, लहर-लहर लहराये सागर
धरती का तन ढाँक रही है, सदियों लम्बी नीली चादर
जनम-जनम से तेरी जोगन, पड़ी नहीं पर कोई भाँवर
तेरा ही मन, महक रहा है, देख ले अपने अंदर जाकर
बूँद-बूँद कर आँखें रीतीं, टूट गई सपनों की काँवर
मन का जोगी घबराता है, करता है जब कोई आदर
उषा की लाली रोज लगाये, किरन-किरन के पाँव महावर
गूंज रहे हैं, घाट के पत्थर झनक उठी लहरों की झाँझर
'मधु' सच्चा बस 'धन' का रिश्ता, भूल गया जग ढाई-आखर

पगला एक मलंग

पगला एक मलंग
जोगी,
पगला एक मलंग
गली-गली का फेरा करता, पगला एक मलंग
धन के पीछे पागल दुनिया, देख देखकर दंग
कनक-कामिनी जग बौराना कुँए-कुँए में भंग
मौत के रस्ते में पड़ती है, अंधी एक सुरंग
रोम-रोम में अनहद गूँजे, बाजे ढोल-मृदंग
करम की कथरी मैली कुचली, उधड़ी सी बदरंग
सारे जग से करे किनारा मन की एक तरंग
कामदेव जोगी मन छूकर, फिर-फिर होय अनंग
'मधु' महके है हरसिंगार-वन, पोर-पोर प्रत्यंग

कटते ही उग जाना है

कटते ही उग जाना है
जोगी,
कटते ही उग जाना है
काहे मौत से डरता है तू, कटते ही उग जाना है
कटे तने से कोपल फूटे, ठूँठों को हहराना है
जले खेत से अँकुर फूटे, बीजों को अँकुवाना है
दीपक बदले, बाती बदले, दीप से दीप जलाना है
एक नदी हैं, घाट कई हैं, युग-युग बहते जाना है
बादल तूने जल माँगा जो, सागर को लौटाना है
धुँआ-धुँआ हैं चिता की धूनी, फेरा फिर लगवाना है
बार-बार किरदार बदलते, कब बदला अफ़साना है
एक रात के सभी मुसाफ़िर, देह मुसाफ़िर खाना है
'मधु' झर जानी पीली पाती, नव-बसंत फिर आना है

जाना है उस पार

जाना है उस पार
जोगी,
जाना है उस पार
नाव खोल ले, पाल सधा ले, जाना है उस पार
बिना उड़े ही जाना उस तक, रख दे, पंख उतार
जैसे-तैसे निभा दिया है, दुख का यह संसार
ऊपर-ऊपर टूटा लगता, मन में मोह अपार
भर लेगा तू क्षितिज हज़ारों, खुल कर बाँह पसार
करम की मण्डी तुरत मुलावै, चलता नहीं उधार
ज्ञान न जाने, ध्यान न जाने, दिल तो गँवई गँवार
फिर पिघलाकर रूप गढ़ेगा, वो है एक सुनार
जग-चौबारा छूट रहा है, छूट चला घर-बार
'मधु' माया का ज्वार चढ़ा है, प्रभु ही खेवनहार

बाजे अनहद तूर

बाजे अनहद तूर
जोगी,
बाजे अनहद तूर
अन्तर्मन की वीणा सुन ले बाजे अनहद तूर
अपने पास भी, बैठ घड़ी भर, काहे ख़ुद से दूर
जन्म लिया है, मरना भी है, किसके नशे में चूर
पोर-पोर में पिरा रहा है, मीठा सा संतूर
प्रेम-पंथ के साधक कबिरा, तुलसी मीरा सूर
आखर-आखर करें मजूरी, साहिब सुनो हुजूर
पत्थर मंहगा हो या सस्ता, दिल तो चकनाचूर
जितना कोई मिटाना चाहे, हम उतने मशहूर
शहंशाह दिलवालों के हम, शब्दों के मजदूर
सारी उम्र जगीं 'मधु' साँसें, सो ले अब भरपूर

कैसे भोग लगाऊँ

कैसे भोग लगाऊँ
जोगी,
कैसे भोग लगाऊँ
पाप से जूठी मन की तुलसी कैसे भोग लगाऊँ
जनम-जनम की भोगी काया कैसे सेज सजाऊँ
तेरे मन की भूल-भूलैया सदा-सदा खो जाऊँ
मोम की नदिया में अगनी के आखर-फूल चढ़ाऊँ
जोगी मैं तो कफ़न भी अपना केसरिया रंगवाऊँ
तन की लकड़ी, चिता की लकड़ी साथ-साथ जलवाऊँ
तेरी कुटिया के द्वारे पर अपनी राख बिछाऊँ
जले हाथ की जली लकीरें 'भाग' कहाँ पढ़वाऊँ
पत्थर के पन्नों पर जोगी काँच का कलम चलाऊँ
'मधु' तेरे बिन जीना कैसा कैसे तुझे बताऊँ